Kyrilla Spiecker
Salzkörner

Vignetten
Georg Meistermann

Kyrilla Spiecker

Salzkörner

Einsichten

Weghilfen

echter

Gestaltung: W. Thierfelder
Gesamtherstellung: Fränkische Gesellschaftsdruckerei Würzburg
ISBN 3 429 00672 4

INHALT

GELEITWORT
Heinrich Spaemann

Salz hat mit Geschmack zu tun. Und mit Fäulnisverhütung. »Ihr seid das Salz der Erde«, sagt Jesus zu seinen Jüngern. Wo wirkliche Christen hinkommen, da bekommt das Leben einen anderen Gustus. Und wer ihre Gesellschaft eine Weile teilt, wird diesen Geschmack auf der Zunge so leicht nicht mehr los. – Vielleicht will er dann auch Christ werden.
Auf dem Weg zur Taufe gab es früher einen eigenartigen Ritus: dem Katechumenen wurde ein Salzkorn in den Mund gegeben mit den Worten: »Empfange das Salz der Weisheit!« Danach betete der Bischof oder der Priester: »Herr, laß ihn jetzt nicht mehr lange hungern, sättige ihn bald mit der himmlischen Speise!« Das ging auf die nahe bevorstehende Erstkommunion.
In der Osternacht war es dann soweit. Die Einladung zur Eucharistiefeier wurde ausgesprochen mit den Worten des Kolosserbriefes: »Quae sursum sunt, sapite, non quae super terram!« »Schmecket, was droben ist, nicht das über der Erde!« Dieses Wort enthielt auch eine entmahnende Alternative: »Ihr habt euch entschieden: jetzt, da ihr das himmlische Brot eßt, dürft ihr nicht länger alles das auch noch »mitnehmen« und auskosten wollen, was es auf den Supermärkten dieser Welt zu haben und zu kaufen gibt.« – Wem die neue Wirklichkeit, die

sich ihm in der Wiedergeburt öffnete, so schmeckt, daß er keine andere dafür eintauschen, vielmehr nur das Lebensganze dahinein integrieren möchte, der ist, ohne zu wissen wie, selbst »Salz der Erde« geworden, das der Welt ringsum die Würze ihrer eigentlichen Bestimmung mitteilt, einfach indem er sich, wie Salz in die Suppe hinein, selbst ganz hergibt (in der Liebe, die dieses Salz zum Salz macht) – mehr braucht es nicht.

Die Salzkörner dieses Buches sind von der Art, die die Bergpredigt meint. Wer Kyrilla Spiecker kennt, der merkt bald, daß sie selbst, ihre ganz eigene Art, ihr Wesen, ihr Charme, ihr Charisma sich in diesen Körnern kristallisiert hat. Unwillkürlich stellt man sich den Kontext eines Briefes vor, in dem dieses oder jenes Körnchen aufblitzt wie ein Sonnenstrahl; oder man sieht die Nonne im Gespräch, den Schalk in Augen und Mundwinkeln – hört ihre engagierte, immer ein wenig heisere Stimme, wie sie plötzlich, kleiner Zaunkönig, eine winzige Strophe jenes »neuen« Liedchens herausschmettert, in dem Evangelium heutig wird.

Der Leser sollte sparsam mit diesen Strophen umgehen, darauf warten und achten, ob und wie eine von ihnen in eine entsprechende Situation mahnend, tröstend, erhellend oder erheiternd hineinpaßt. Als Bonmots für eine geistliche Unterhaltung sind diese aus Erfahrung, Verantwortung, Leid und Liebe geborenen Worte zu schade.

Christus nachfolgen

MACHE DEIN HERZ
STARK
UND HALTE GOTT AUS.
PS 31

Wer sich
Gott ausliefert,
muß auf alles
gefaßt sein.

Aus der
Erlösung
leben:
Auf Gottes
Hingabe
mit meiner
Hingabe
antworten.

Solange
unsere Fragen
über Gott
befinden,
haben wir
sie falsch
gestellt.

Gott hat
uns nicht
im Yoga-Sitz,
sondern
am Kreuz
erlöst.

Nicht Erklären,
nur Umkehren
bringt unserem
Leben die Wende.

Schwierigkeiten
bei den Hörnern
packen,
Worte,
die nicht helfen,
runterschlucken,
Gedanken,
die den andern
mindern,
Gott abgeben,
allen gut sein –
vielleicht
meint das Mk 9, 40:
HABT SALZ IN EUCH
UND LEBT IM FRIEDEN
MITEINANDER!

Mein Taufschein:
mein Personalausweis
als Christ.
Als Bürger des Ewigen
habe ich Rechte und
Pflichten.

Halte
das Kreuz
fest,
dann
hält
das Kreuz
dich
fest.

Manche verwechseln
Nachfolge mit
Nachsitzen,
sie starren auf
ihre Fehler
und vergessen,
weiterzugehen.

In der Welt
gilt nur
der Erfolg.
Im Reich Gottes
zählt nur
die Nachfolge.

Man kann nicht
rückwärts gewandt
dem Herrn
nachfolgen,
ER geht uns
immer voraus.

Das Kreuz
ist das einzige
Koordinatensystem,
das Ordnung
in unsere Gedanken,
Gefühle und
Sehnsüchte
bringt.

Nachfolge
kennt keine
Ferien.

Wir reden vom Frieden
und meinen Öl.
Gott meint Frieden
und redet vom Dienen.

Weil der Herr uns
als mündige Menschen
behandelt,
legt ER uns nicht
auf den Buchstaben
fest,
ER läßt unserer
Liebe Spielraum.

Das Evangelium
liefert uns
keine Rezepte,
sondern ein
Lebensprogramm.

Das Unmögliche
übernimmt und
verantwortet
Gott selbst,
das Mögliche
trägt ER uns
auf.

Gottes
Menschwerden
hat uns
die Spur
ins Menschwerden
gelegt.

Wer sein Scheitern
annimmt,
übersteigt sich in
eine Dimension,
wo Erfolg nicht
mehr zählt.

Wer einmal
Gott geschmeckt
hat,
der schmeckt Gott
in allem durch.

Was willst DU
mir damit
sagen –
die einzige
Frage,
die uns im
Widrigen
auf
Gottes Spur
bringt.

Erfahrungen
mit Gott

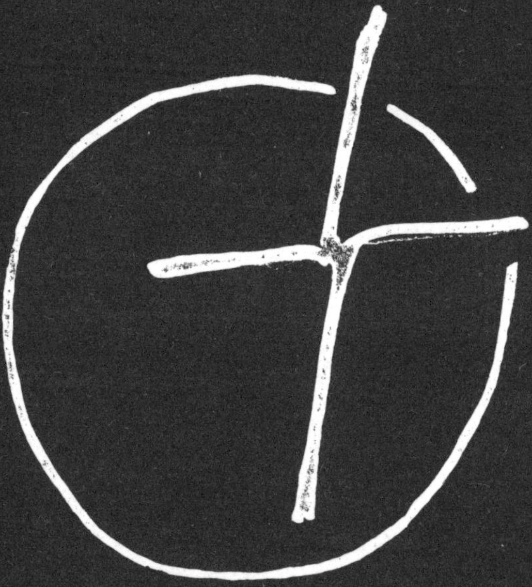

Lieben
schenkt
Flügel,
weil es
uns unser
Eigengewicht
nimmt.

Vielleicht
läßt der Herr
in unserem
Leben
so viele
Laufmaschen
zu,
damit wir
sie als
Strickleitern benutzen.

MACHT EUER HERZ
WEIT

Gottes maßlose
Liebe
hat kein anderes
Schöpfmaß
als mein
enges oder
weitgewordenes
Herz.

Das Geheimnis des
»Neuen Liedes«

Wer liebt,
wiederholt
sich nicht –
auch
wenn er sich
wiederholt.

Gotterfahren
wird man nicht
vor dem Spiegel.

DEM SIEGER WILL ICH
EINEN WEISSEN STEIN
GEBEN.
Offb

Bei Gott siegt,
wer sich
von Gott besiegen
läßt.

Gott liest
keine Visitenkarten,
keine Kontoauszüge,
keine Zeugnisse –
Gott liest
in den Herzen.
Wir brauchen alle
nichts als Erbarmen.

Das Abenteuer
mit Gott
beginnt
jenseits
der Fahrpläne,
jenseits
alles Geplanten.

Wenn Gott uns
alles ist,
überbietet
ER alles,
umschließt
ER alles,
fordert
ER alles,
schenkt
ER alles.

Auch die Pausen
dirigiert
der Herr in
deinem Lied.

Gott kann
sich nicht
in unsere
vollen
noch in
unsere
geschlossenen
Hände
hineinschenken.

Selbst Gott
schenkt sich
uns zum Teilen,
nicht zum
Besitzen.

Einer,
der sich geliebt weiß,
fragt nicht mehr:
Was denken die andern.

Nichts ist
anders geworden,
alles ist
anders geworden.
Ich weiß nur:
Es ist der Herr.

Unsere Fragen
an Gott
geben auch
Auskunft
über unser
Verhältnis zu Gott.

Sehnsucht und
Flucht
können sich
bei Christen
sehr ähnlich
gebärden.

Unter
Gottes Augen
tauschen Dinge
ihren Wert
und Platz.

Erlösung:
zu Ende
ohne Ende
geliebt.

Leistung wie
Leiden können
verführen,
dem Herrn
die Mitte
zu stehlen,
um selbst
Mitte zu sein.

Was meine
Gottesbeziehung
nicht mehrt,
mindert sie.

Auch der
chiffrierte Text
kommt vom Herrn,
und ER wartet
auf Antwort.

Laß dich ein
auf SEIN Wort,
dann wirst du
eingelassen.

Wenn Liebe
Leben ist,
dann ist
im Himmel
was los.

Wenn uns der Herr
nie aufgibt,
warum sollen
dann wir es.

Ich kenne welche,
bei denen muß
ich fürchten,
daß sie selbst
am Himmel etwas
auszusetzen haben
oder im Himmel
nicht auf ihre
Kosten kommen.

Wir kommen
nicht gegen
unseren Willen
in den Himmel.
Selbst
die Hölle
nimmt nur
Freiwillige
auf.

Gottes Herzschlag
– keine Uhr –
bestimmt jedem
die Zeit;
denn der Herr
selbst weckt
uns auf:
»Talita kum«
jenseits von Tod.

Morgen ist heute
schon gestern.
Wenn morgen
ausfällt, weil
die Katastrophe
schneller war,
wozu dann heute?
Ich setze
auf Ostern.

KLINISCH TOT

Es gibt keine
Rückfahrkarte
in den Himmel.

NUR DER SOHN
HAT KUNDE
GEBRACHT.

Solange wir
Gott etwas
bieten wollen,
möchten wir
den Himmel
käuflich
erwerben –
Gott aber
verschenkt
ihn:
an Arme.

Wer nicht vom
Erbarmen Gottes
leben will,
muß es auf
eigene Kosten –
bis zum Bankrott.
Auch dann noch
darf er Gott
seine Schulden
aufladen.

Bei Gott
zählt auch,
was für
die Katz
war.

In einer
erlösten
Welt
ist die
heile
Welt
nur
eine
Terminfrage.

Ob ich versage
oder mich versage,
scheidet Schuld
von Schuld.

Gott nennt uns
Freunde,
und wir erwarten
Lohn –
wie Angestellte.

WAHRHEIT
IN LIEBE
TUN.

Die Liebe
hält
die Balance,
ohne sie
geht es schief.

Wir leben
alle auf
Gottes
Rechnung;
ER hat sie
mit seiner
Lebenshingabe
bezahlt.

Meine Untreue
braucht
DEINE Liebe
nicht auf.
Aber sie
legt sie
bloß.

Als der
gekreuzigte
Gott in
unseren Augen
sein Gesicht
verlor,
zeigte
Gott uns
Gottes Angesicht.

Gottes Flügel
haben keine
Sicherheitsgurte.

Vom Umgang mit Gott

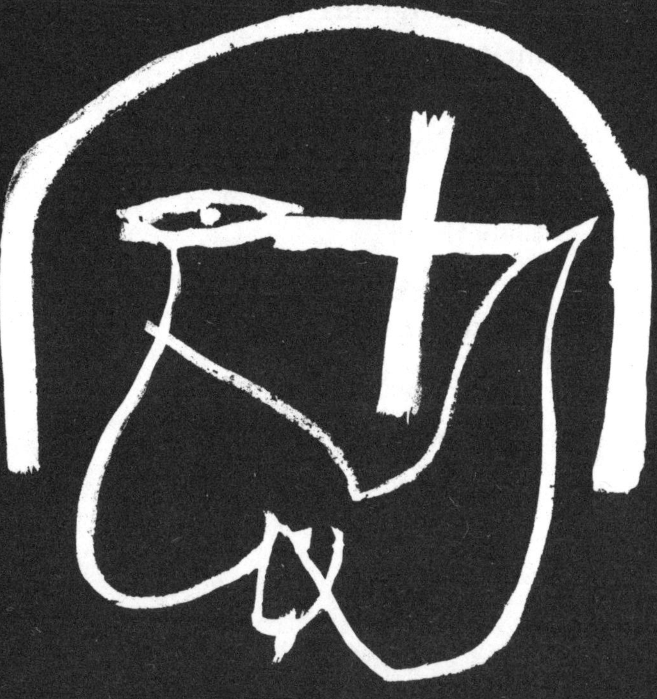

Du wächst
mir zu
im Wort.
Ich wachse *Dir* zu,
während
ich es
wiederhole.

Dein Wort:
meine Grammatik,
mein Lesebuch,
mein Rechtschreibe-Duden.
Dein Wort:
mir als
Liebesbrief
geschrieben
in jeden Tag.

Du hast mit
unseren Augen
gelebt,
damit wir mit
Deinen Augen
schauen lernen.

Wie kannst du
Gottes Blick
begegnen,
wenn du mit
dir selbst
beschäftigt bist!

Meditieren heißt:
stromauf schwimmen,
um an die Quelle
zu kommen.

Es bleibt immer
was hängen.
Was du auch
sagst, hörst,
liest oder
anschaust –
es bleibt immer
was hängen.
Auch wenn du
Gottes Wort
hörst –
es bleibt immer
was hängen.

Meditieren heißt:
sich von Gottes Wort
gefangennehmen lassen.

Sobald du
nicht mehr
um dich,
sondern
um Gott kreist,
wird dir
alles zu einer
Mitteilung
Gottes.

Weil wir mit vielerlei
angefüllt sind,
halten wir Gott nur
einen Fingerhut hin –
und empfangen einen
Fingerhut voll.

Wir dürfen
mit Gott
sprechen;
das entscheidet
über alle Worte,
die wir sagen,
und scheidet sie.

Wenn du Gott
anschaust,
weißt du dich
geliebt.
Wenn du nur dich
anschaust,
fühlst du dich
verlassen.

Auch wenn wir
die Leitung
trennen,
legt Gott den
Hörer nicht auf.

Gott redet
als Mensch
zu uns,
damit wir
menschlich
mit IHM
reden können.

Weil Gottes Wort
keine Nachspeise,
sondern
Grundnahrung ist,
brauchen wir sie
alle Tage.

Unfrieden
macht unfähig
zur Sammlung.

Ich glaube,
Gottes Wort
hat jeden Tag
Geburtstag,
und ich
bin eingeladen.

Ich schrie,
ich klagte –
ich vernahm
nur mich.
Als ich schwieg,
vernahm ich im
Antwortlosen
Antwort:
DICH.

Abgebetete Psalmen
nützen sich ab,
durchwohnte werden
täglich neu geboren.

Wenn DU
das Herz
der Welt
bist,
dann schlägt
DEIN Herz
in mir.

Was weißt du
schon von Gott,
wenn du nie
mit IHM sprichst!

Sobald uns
der Umgang mit Gott
nicht mehr
lebensnotwendig ist,
wird uns Ersatz
lebensnotwendig.

Schweigen
kann töten,
Nichtssagendes
lärmt.
Der Todesschrei
des Gekreuzigten
entlarvt beide als
Stummheit.

Heute habe ich
meine Gewichte
und Maße
neu an DEINER
Liebe geeicht.

Auch am goldenen
Kettchen bleibt
das Kreuz Zeichen
für unsere Erlösung
am Kreuz.

Wir haben DEIN Kreuz
in unsere Erde gerammt,
seitdem drehen wir uns
um diese Achse der Welt.

Vom Miteinander

EINER TRAGE DES ANDEREN LAST

Einer wird
dem andern
zur Last.
Einer schleppt
des anderen
Last.
Einer wird
unter des
anderen Last
des anderen
Gnade.

Zusammen leben
heißt, alle Tage
miteinander
neu beginnen.

Den anderen annehmen
heißt, nicht nur
seine Grenzen,
sondern auch
seine Fähigkeiten
bejahen.

Während ich
mich an deinen
Grenzen stoße,
werden meine
sichtbar.

ÜBERFÜHRT

Meine Erwartung
wurde enttäuscht:
Der andere sang nicht
die gewünschte Melodie
– wie ein Spielautomat –
er sang sich selbst.

Verzeihen kann
uns einander
näher bringen,
als nichts zum
Verzeihen haben.

Wir kommen
nicht alleine
in den Himmel,
wir bilden
eine lange
Kette.

Wie kann der
andere sich
ändern,
wenn deine
Erwartung
ihn auf sein
Verhalten
festlegt.

Die einen haben Zeit
und haben für keinen
Zeit,
die andern haben keine
Zeit
und haben für jeden Zeit.

Wer
beim andern
anfängt zu rechnen:
aufzurechnen,
abzurechnen,
anzurechnen,
der
hört auf
zu lieben.

Avondgebed

Goede Vader,
de dag is bijna ten einde,
de avond valt vroeg in deze wintertijd.

'Den avond komt zo stil, zo stil,
zo traagzaam aangetreden...',
dichtte Gezelle voor ons.

Laat het ook stil worden in mij,
met een dankbare gedachte
aan allen die er vandaag voor mij waren.
Ik weet dat 'het goed is,
in 't eigen hart te kijken,
des avonds voor het slapengaan'.
Vergeef mij
als ik vandaag iemand pijn heb gedaan.

Goede Vader,
bewaar mij deze nacht:
in uw handen beveel ik mijn geest.
Geef sterkte en geduld
aan hen die niet slapen kunnen
en voor wie de nacht eindeloos lang lijkt.

Goede Vader,
laat het stil worden,
ook in hen.

Gebed

Vader, onze God,
U bent de morgen en de avond,
het begin en het einde van de tijd.

U bent de weg die ik ga,
U bent de waarheid die mij leidt.

Heer, scheppende Geest,
wees aanwezig in mijn woorden
en in mijn handelen,
zodat ik U volgen mag.

De pauselijke gebedsintenties voor deze maanden luiden:

december: Opdat kinderen die door oorlog of geweld hun ouders hebben verloren een liefdevol thuis mogen vinden;
en dat door de viering van het geboortefeest van de Heer de zin en betekenis van het leven steeds meer gestalte mag krijgen.
januari: Opdat de katholieken en allen die behoren tot die verschillende christelijke belijdenissen efficiënt samenwerken om wat hen verenigt bijeen te brengen;
en dat de gedoopten met hun leven getuigenis afleggen van de universele heilsaankondiging in Jezus Christus.
februari: Opdat in elke christelijke gemeenschap de aandacht voor degenen die lijden omgezet wordt in concrete daden van solidaire liefde;
en dat de zieken en de bejaarden hun lijden verenigen met dat van Christus en het opdragen voor het welzijn van de universele Kerk.

ENTFREMDUNG

Die sicherste Weise,
uns auseinanderzuleben,
ist das
Kommunikationsmittel
Bildschirm.

Noch der ärgste
Streit verkündet
Leben,
erst beim Verstummen
geht der Tod durchs
Haus.

Wenn ich den Herrn
nicht im Bruder
suche,
habe ich IHN auch
nicht im Gebet
gesucht – nur mich.

Wir üben
Vergessen,
wo Erinnern
nottäte.
Wir horten
Erinnern,
wo Verzeihen
befreite.

SCHÖPFERISCHE LIEBE

Jeder, der dem andern
gut ist,
wiederholt
Gottes schöpferisches
ICH will dich.

Das viele Gute
unseres Bruders
vergessen wir
wie Träume,
sein Versagen
horten wir –
vielleicht
als Waffe.

TEST

Nur ein Freund
kann neidlos
deine Freude
teilen.

Solange du auf
deine Kosten
kommen willst,
liebst du
noch nicht.

Weghilfen

Du wirkst
am meisten,
wo du nicht
wirken willst.

Nicht
die volle
Brieftasche –
das volle
Herz macht
dich reich.

In jeder Gabe
verrät sich
der Geber,
auch in der
gedankenlosen.

Was uns auch
geschieht:
Immer sind wir
auf dem Weg
nach Haus.
Unser erster
Wohnsitz ist im
Himmelreich seit
Ostern.

Die Beseitigung
von Unkraut und
Mißverständnissen
verträgt keinen
Aufschub.

Manchmal muß
die Liebe mit
Verstand den
Verstand überholen.

Das Geheimnis
aller
Brotvermehrung
heißt: teilen.

Greifen und
festhalten
kann ich seit
der Geburt.
Teilen und
schenken
mußte ich
lernen.
Jetzt übe
ich das Lassen.

Natur
als Gleichnis

Sich an die Natur
verlieren
macht ortlos –
vor dem Evangelium
wird sie uns
Gleichnis.

WIE BERGE JERUSALEM
RINGS UMGEBEN,
SO IST DER HERR
UM SEIN VOLK:

geborgen in der
Handmulde Gottes.

Früchte reifen
zum Ernten.
Was du nicht
hergibst,
verfault und
verdirbt dich.

Wohlbekannte Erde,
abgegraste Weide,
unbekannte Erde,
wenn du in die
Tiefe vordringst,
unerschöpflich
sind die Schätze,
die dein Leben
kosten.

Solange ich
in die Sonne
schaue,
bleibt
mein Schatten
hinter mir.

GEGENLICHT

Abendsonne hat mich
geblendet,
Welt, die ich
erkennen wollte,
liegt im Schatten,
und
ich gewahre ihren
goldenen Saum.

Wie mein Handteller
die Sonne,
verdeckt dir
vielleicht
mein Leben
den Herrn.

Blumen wenden
ihr Gesicht
immer der
Sonne zu.
Wir können
uns
abwenden.

Mach es wie
die Bäume
hinter
der Mauer –
sie wachsen
über ihr
Gefängnis
hinaus,
geradewegs
in den Himmel
hinein.

Jeder Vogel
findet
sein Lied
vor,
wir dürfen es
erfinden –
jeder
das seine.

Im Tierreich gilt
das Recht des Stärkeren.
Uns Menschen sind
die Schwachen anvertraut.

Das Frühlicht
intoniert von
Gipfel zu Gipfel
das Morgenlob –
ich stimme
schweigend
ein.

HYMNUS QUI
DE TECET
EST SILERE.

In deinem Winter
wirst du keinen
anderen Vorrat haben
als die Ernte
deiner eigenen
Saat.

Eine Feuerwolke
hinter kahlem Geäst –
der Dornbusch brennt
immer noch,
und Gott spricht.

Einsichten

Wer
ein Ziel
hat,
nimmt auch
schlechte
Straßen
in Kauf.

Unsere Tage
sind gezählt:
Gott rechnet
mit uns.

SYNCHRON

Mit meiner
Liebe
wächst
mein
Versagen
mit.

Vertrauen
und
Verrat
gehen
durch die
gleiche
Tür.

Selbst-Täuschung:
dünnes Eis
über
tiefem Wasser.

Gefühle
kommen
und gehen,
Treue
hat
Wurzeln.

Liebe
hat
viele
Namen,
Umkehr
ist
einer.

Last-Kähne
haben nur
die Nase
über Wasser.

DER ENTWURF

Zu Hause entwerfen
und proben wir
maßstabgerecht,
was später groß
über die Bühne
der Welt geht.

Weder Rhetorik
noch Pathos
wandeln Unsinn
in Sinn.

Wer mit
seinen Nöten
hausieren geht,
bietet sie
anderen feil
und verweigert
selber die
Annahme.

Die Angepaßten
garantieren, daß
es reibungslos
funktioniert,
die Unangepaßten
stoßen an und
verändern.

Irgendwann
mündet Sinnloses
in Verzweiflung
und Resignation.

Erst wenn
du weißt,
was du tust,
weshalb du
es tust
oder läßt,
bist du
mündig.

Gewissen:
Kompaß des Herzens,
der Richtung weist,
Kontrolluhr der Wahrheit,
die sagt, was die Stunde
geschlagen hat,
Seismograph für die
Klopfzeichen Gottes
im Dunkel der Nacht.

Als ich
DU sagen
konnte,
war meine
Sinnsuche
am Ziel.

Er wollte eine
Rolle spielen.
Weil sie nicht
die seine war,
blieb er
unglaubwürdig.

Mäuschen beurteilen
Löwen anders als
Artgenossen.

Wer mich
in Frage
stellt,
hilft mir
zu werden.

Übertriebenes Lob
wie
unterlassener Dank
nehmen den andern
nicht ernst.

Wir können auch
Genuß und Rausch
mit Frömmigkeit
verwechseln.

Oberflächlichkeit
braucht und verbraucht
die ganze Erde,
Tiefgang
schürft Edelsteine
auf kleinstem Raum.

Liebe
stiehlt
der Angst
den Platz.

Wer
liebt,
lebt.

TREUE ZUM BEISPIEL

Zuerst waren sie
Tätigkeits-Worte
und Eigenschaften
von lebendigen
Menschen.
Dann lösten wir sie
behutsam vom Fleisch
und bauten Begriffe
daraus.
Nur ließen sie sich
nicht mehr begreifen
wie vordem.
Wir speicherten sie
in Gehirnen und
vergaßen,
daß sie nur leben,
wenn wir sie tun.

In einem Meer
von Schmerz
ertrinken
die einen,
die andern
lernen darin
schwimmen.

Nur selbstvergessen
kannst du wahrnehmen,
was dem anderen fehlt,
was er dir schenkt.

Ich habe keine Zeit,
sagst du wie immer.
Für was aber nimmst
du dir Zeit?

Der Treue trägt
Lasten,
der Korrekte möchte
unbelastet leben.

TADEL-LOS

Sich keinen Fehler
gestatten,
sich keinen Fehler
verzeihn
ist weit schlimmer,
als Fehler zu haben.
Sich keinen Fehler
gestatten
macht unbarmherzig
und gestattet selbst Gott nicht,
barmherzig zu sein.

Nichts ist
unverbindlicher
als ein
verbindliches
Lächeln,
selbst die Sprache
lügt mit.

Wie oft ist
das Schöne nur
Verpackung und
das Häßliche
nur Tarnung!

Wir fallen
immer auf die
eigene Nase,
wenn wir über
fremde Füße
stolpern.

Was hinter
uns liegt,
rahmen wir
kostbar.
Was vor
uns liegt,
macht uns
Angst.
Was mich
jetzt braucht,
macht morgen
erst möglich.

Es reicht nicht,
reich zu sein,
doch von einem
Lächeln
kannst du lange zehren.

Die meisten schuften,
um ihrem Leben
einen kostbaren
Rahmen zu geben.
Wie oft bleibt
er leer!

Ob die Original-
Packung leer
oder das Etikett
falsch ist,
ändert nichts
am Betrug.

Auch wenn
ich mich
auf den Kopf
stelle,
bleibt oben
oben.

Es scheint
die Identität
mancher zu sein,
keine zu haben.

Die einen
brauchen
immer mehr
und werden
immer
unzufriedener.
Die andern
brauchen
immer weniger
und werden
immer glücklicher.

Worte keimen
aus Schweigen,
Schweigen gründet
im Wort.

Solange du
den Nestrand
zu deinem
Horizont machst,
wirst du
niemals flügge.

Ganz verschlissen
wirst du zum
schönsten
Lampenschirm
für Gottes Licht.

Das Heilige
nützt sich
nicht ab,
aber es ist
wehrlos.
Wir können es
mißbrauchen.

Weil er nie
seinen
Konfirmanden-
Anzug auszog,
fand er: Die Religion
meiner Kindheit
paßt nicht zu meinem
Bildungsniveau.

Es gibt
keine
Hofnarren
mehr,
weil wir
die Wahrheit
nicht mehr
hören wollen.

Manche meinen,
Verdienste seien
eine Eintrittskarte
für den Himmel.
Ihr Anspruch
macht den Herrn
zum Platzanweiser.

Ein trüber
verhangener
Tag –
dein Lächeln
hat ihn mir
verwandelt.

SCHWESTER:
das ist weniger
eine Anrede
als eine
Erwartung.